AF592532

ORFÈVRERIE

MEUBLES ET SIÈGES

Anciens et Modernes

TABLEAUX, ESTAMPES

BRONZES D'ART ET D'AMEUBLEMENT

OBJETS DIVERS

PARIS. — MAI 1907

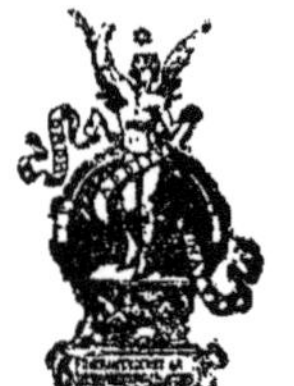

CATALOGUE

ORFÈVRERIE

Provenant en grande partie de la Maison FROMENT-MEURICE

BRONZES D'ART ET D'AMEUBLEMENT

Pendules Époques Louis XV et Louis XVI

TABLEAUX, PASTELS

Anciens et Modernes

ESTAMPES DU XVIIIe SIÈCLE

MEUBLES ET SIÈGES

Anciens et Modernes

TABLE EN BOIS DE PLACAGE DE SAUNIER

MEUBLES EN MARQUETERIE, MOBILIER DE SALON

OBJETS DIVERS

Margelle de puits en marbre blanc sculpté

DONT LA VENTE AUX ENCHÈRES PUBLIQUES AURA LIEU

HOTEL DROUOT, SALLE N° 6

LE VENDREDI 24 MAI 1907

à deux heures

Par le ministère de :

Me GEORGES NORMAND

COMMISSAIRE-PRISEUR

41, rue de la Victoire

Assisté de :

MM. PAULME & B. LASQUIN FILS

EXPERTS

10, rue Chauchat — 12, rue Laffitte

PARIS

Chez lesquels se distribue le présent Catalogue

EXPOSITIONS SALLE 6

Particulière : Le Mercredi 22 Mai 1907 — de 1 h. 1/2 à 5 h. 1/2

Publique : Le Jeudi 23 Mai 1907 — de 1 h. 1/2 à 5 h. 1/2

CONDITIONS DE LA VENTE

Elle sera faite expressément au comptant.

Les adjudicataires paieront *dix pour cent* en sus des enchères.

L'exposition mettant le public à même de se rendre compte de la nature et de l'état des objets, aucune réclamation ne sera admise, une fois l'adjudication prononcée.

Les poids indiqués au catalogue sont à titre de renseignements sans aucune garantie.

Ils seront vérifiés et annoncés exactement avant la mise en vente des objets en orfèvrerie.

Paris. — Imp. de l'Art, Ch. Berger et Cie, 41, rue de la Victoire.

DÉSIGNATION

TABLEAUX

ESTAMPES ANCIENNES

CLOUET (École de)

1 — *Portrait de Femme.*

Avec coiffure et robe ornées de perles et pierres précieuses.

Panneau.

FANTIN-LATOUR

2 — *Vase de fleurs.*

Pastel ovale.

FANTIN-LATOUR

3 — *Fleurs dans un vase en céladon de Chine.*

Pastel ovale.

MAES (Attribué à NICOLAS)

4 — *Petit Portrait de Jeune Fille.*

Dans un médaillon ovale.

Panneau.

ROMANY (A., 1807)

5 — *Portrait de Jeune Homme.*

Assis les jambes croisées devant un bureau, tenant un livre de la main gauche.

Toile.

RUYSDAEL (Attribué à J.-Van)

6 — *Marine.*

Bateaux par un gros temps.

Toile.

ÉCOLE FLAMANDE (XVIe siècle)

7 — *La Mort du Christ.*

Composition à cinq personnages.

Panneau.

ÉCOLE DE FONTAINEBLEAU

7 *bis* — *Sujet mythologique.*

Panneau.

ÉCOLE FRANÇAISE (XVIIe siècle)

8 — *Portrait d'Homme.*

En costume de gentilhomme, col rabattu, fond de draperie noir.

Toile.

ÉCOLE FRANÇAISE (XVIIe siècle)

9 — *Portrait d'Homme.*

En cuirasse et rabat, fond de draperie rouge.
Toile.

ÉCOLE FRANÇAISE

9 *bis* — *Portrait de Femme.*

Drapée dans un manteau bleu.
Toile ovale.

ÉCOLE FRANÇAISE (XVIIe siècle)

10 — *Portrait présumé du roi Louis XIII.*

Panneau.

ÉCOLE HOLLANDAISE

11 — *Paysage montagneux.*

Avec cavaliers, personnages et meute de chiens.
Toile.

ÉCOLE ITALIENNE

12 — *Sujet religieux : Vierge, Enfant Jésus et Anges.*

Panneau rond.
Cadre en bois sculpté.

TAUNAY (D'aprés)

13 — *Foire de village.*

14 — *Noce de village.*

Deux gravures anciennes imprimées en couleur par Decourtis.

Marges.

MARIN

15 — *The woman to King Coffee.*

Gravure ancienne imprimée en couleur.

Petites marges.

16 — *The pleasures of education.*

Gravure ancienne imprimée en couleur.

Remargée.

BRONZES D'ART ET D'AMEUBLEMENT

GARNITURES DE CHEMINÉE

PENDULES

17 — Cartel à poids. Epoque Louis XV.

18 — Grand cartel en bronze doré, le cadran orné de feuillages, fleurs et fruits, est surmonté d'une pyramide supportant un coq, avec base à godrons et feuillages sur lequel repose un amour tenant une faux : cul-de-lampe forme console, orné de mascaron à tête d'homme, guirlande de fleurs. Style Louis XIV.

19 — Pendule avec son socle en marqueterie de cuivre et d'écaille, ornée de bronzes dorés. Elle est surmontée d'une statuette de jeune femme couchée, tenant une guirlande de fleurs et feuillages. Époque Louis XIV.

20 — Pendule-cartel et son socle-support en corne verte, ornée de bronzes ciselés et dorés, rocailles et feuillages, incrusté d'ivoire. Epoque Louis XV.

21 — Pendule-cartel, avec son socle de suspension en bois peint au vernis, fond rouge, décoré de fleurs, orné de bronzes ciselés et dorés. Epoque Louis XV.

22 — Garniture de cheminée en bronze ciselé et doré, de style Louis XV, composée d'une pendule et de deux candélabres; motifs à rocailles, feuillages et amours. *Maison Monbro aîné*.

23 — Pendule en marbre blanc, avec sujet en bronze ciselé et doré : *Jeune Femme et Amour*. Cadran porte la marque : *Adamson, à Paris*. Epoque Louis XVI.

24 — Paire de flambeaux en marbre blanc, monture en bronze doré à têtes d'aigles. Epoque Louis XVI.

25 — Garniture de cheminée, époque Louis XVI, en marbre blanc et bronzes ciselés et dorés ; elle est composée d'une pendule à cadran, surmonté d'un vase à guirlandes, accoté de deux cornes d'abondances et sujets d'amours, supporté par un portique à six colonnes en marbre blanc et ornements en bronzes, et deux candélabres formés, chacun, d'un vase en marbre blanc, surmonté d'un bouquet d'œillets, à trois lumières, en bronze ciselé doré.

26 — Paire de candélabres à neuf lumières, modèle à cassolettes à trépieds, le corps formé d'un vase en marbre bleu, supportant un bouquet de fleurs des champs ; frises, entrelacs, têtes de béliers et guirlandes de fleurs en bronze doré. Style Louis XVI.

27 — Deux grands groupes faisant pendants en bronze argenté, à sujets bacchants. *Maison Froment-Meurice.*

28 — Grand groupe de chasse en bronze, *du comte du Passage*, représentant un piqueur à cheval, et quatre chiens sur une base en bois sculpté, de style Renaissance.

OBJETS DIVERS

SCULPTURES, PORCELAINES, ETC.

29 — Margelle de puits en marbre blanc, avec sujet mythologique, sculpté en haut relief.

30 — Trumeau, de style Louis XV, orné d'une peinture décorative, à composition dans le goût chinois, *attribuée à Le Prince.*

31 — Médaillon ovale en cuir repoussé, représentant Louis XIV.

32 — *Éventail* avec feuille peinte à la gouache à sujets : l'Enlèvement d'Europe et d'une composition dans le goût chinois ; riche monture en ivoire sculpté et ajouré, avec applications d'or et réserves peintes au vernis. Epoque Louis XV.

33 — Coupe, de forme ovale, en marbre vert, à godrons : sur les côtés, quatre amours tenant des fleurettes : elle est supportée par un groupe de

quatre figures d'hommes, de femmes et enfants, sur socle à attributs et draperies en bronze patiné et bronze doré.

34 — Paire de grosses potiches couvertes en porcelaine de Chine, décor à dragons, fleurs, oiseaux et insectes en couleur.

35 — Deux vases en émail cloisonné de Chine, anses à têtes de chimères.

36 — Cache-pot jardinière en porcelaine ; monture en bronze de style oriental.

ORFÈVRERIE

37 — Porte-carte en argent, avec buste de femme ; encadrement rocaille.

38 — Etui à cigarettes en argent.

39 — Six boutons en argent, avec profil de femme.

40 — Pelle à sucre et cuillère en argent doré, en partie émaillé bleu.

41 — Coupe-papier et règle en cristal ; monture en argent.

42 — Trousse à bottines et à gants, trois pièces ; monture en argent.

43 — Liseuse en ivoire, poignée en argent ciselé, formée d'une corbeille d'où s'échappent des rinceaux de feuillages et fleurs, ornée d'une émeraude. *Maison Froment-Meurice.*

44 — Liseuse en nacre, ornée d'une poignée en or ciselé, formée de rinceaux de feuillages et enrichie de six saphirs. *Maison Froment-Meurice.*

45 — Liseuse en ivoire, avec poignée formée d'une harpe, reposant sur un dauphin et draperie en or, enrichie de petites roses. *Maison Froment-Meurice.*

46 — Liseuse en écaille blonde, avec poignée en or ciselé, ornée de six turquoises. *Maison Froment-Meurice.*

47 — Paire de brûle-parfums, formés d'une coupe ronde en argent doré, avec couvercle ajouré, à trois pieds formés de dauphins. Elle repose sur une base à trépied en bronze à patine verte.

48 — Grand broc en argent doré, orné en relief de cigognes dans des nuages au-dessus d'un étang avec nénuphars en émaux translucides. *Maison Froment-Meurice.*

49 — Important vase à deux anses en argent ciselé et doré, orné en relief de pampres de vigne, les grappes de raisins sont ornées de verres de couleur. *Maison Froment-Meurice.*

50 — Corbeille en osier, de forme ovale, avec double fond en vermeil, supportés par huit enfants figurant les quatre saisons, tenant une branche feuillagée, en argent ciselé. *Maison Froment-Meurice.*

51 — Grande coupe à fruit en argent ciselé. Elle est formée d'un plateau, supporté par deux figurines de femmes drapées, sur socle rond ; ornements à feuillages et reposent sur quatre pieds, formés par des tortues. *Maison Froment-Meurice.*

52 — Aiguière en cristal taillé, avec riche monture en argent ciselé, à ornements de feuillages, rinceaux, grecques, palmes et godrons à la base, avec plaque en matière verte sur la panse. Anse formée de deux têtes d'aigles. *Maison Froment-Meurice.*

53 — Calice avec son couvercle en argent doré ciselé, orné d'émaux champlevés et de pierres rouges. Style XVe siècle.

54 — Calice avec son couvercle en argent doré, orné de trois bandes en émail bleu, avec inscriptions en rouge. Style Renaissance.

55 — Coupe en émail, décorée d'un sujet, représentant le Sacrifice d'Abraham en grisaille : avec bordure à rinceaux en dorure, sur pied en argent doré, orné de perles, cabochons tur-

quoises, opale et pierres de couleurs. Style Renaissance. *Maison Froment-Meurice.*

56 — Pendule de bureau en argent ciselé doré, de style Renaissance, richement ornée de rinceaux ajourés sur fond de lapis lazuli, feuillages, coquilles, dauphin, mascarons, enrichie de pierres de couleurs et perles. Socle carré en marbre. *Maison Froment-Meurice.*

57 — Paire de vases à piédouche et à anses en argent repoussé et gravé. Epoque Louis XIII.

58 — Reliquaire en argent doré, avec ornements en émail blanc et corail. Style Louis XIII.

59 — Service à café en argent ciselé, de style Régence, composé de : cafetière, pot à crème et sucrier avec couvercle. (Ecrin.) *Maison Froment-Meurice.*

60 — Statuette de femme assise, tenant une corne d'abondance, en argent ciselé, sur socle en marqueterie de cuivre et écaille rouge. Style Louis XIV.

61 — Important socle en argent ciselé en partie bruni, de style Louis XIV, à ornements à godrons, guirlandes de laurier et rinceaux, ciselés et gravés; quatre pieds-griffes.

62 — Beau service à thé et à café en argent ciselé et en partie doré; il est composé : bouillotte avec lampe-support, théière, cafetière, sucrier,

pot à crème, et grand plateau de forme contournée, décoré à fond d'écailles de poissons et de réserves. Style Louis XIV. *Maison Froment-Meurice*. Ecrin en noyer, orné de plaques en bronze ciselé et doré de même style.

63 — Encrier en argent ciselé, en forme de balustrade, surmonté de deux coupes à godrons et d'un buste d'homme au centre. Il repose sur quatre pieds à griffes et cartouches au centre ; bordure à feuilles d'acanthe. Style Louis XIV. *Maison Froment-Meurice*.

64 — Corbeille à pain en argent repoussé et ciselé, de forme ovale, à bords contournés, ornements de feuillages et rocailles. Style Louis XV. *Maison Froment-Meurice*.

65 — Belle châtelaine en or et bronze damasquiné, à ornements de feuillages, fleurs et insectes en relief, orné d'accessoires de coutures, tels que ciseaux, crochets, dés, étui, etc. Style Louis XV. *Maison Froment-Meurice*.

66 — Plateau de surtout, de forme contournée, en argent ciselé, de style Louis XV, ornements à rocailles, coquilles et feuilles d'eau, il repose sur six pieds ; dessus de glace.

67 — Paire de flambeaux, à fûts et base carrée, en argent repoussé et ciselé, à guirlandes de fleurs et médaillons. Epoque Louis XVI.

68 — Paire de coupes, à fruits, en argent ciselé, de style Louis XVI, pied à cannelures, rangs de perles, guirlande de laurier et nœuds de ruban. *Maison Froment-Meurice.*

69 — Service à thé en vermeil, de style Louis XVI, composé de : bouilloire avec lampe-support, cafetière, théière, sucrier, pince à sucre, bol, pot à crème et d'un plateau; décor à cannelures, rangs de perles, feuilles d'acanthe, rinceaux et feuillages. *Maison Froment-Meurice.*

70 — Jardinière ovale en argent ciselé, avec double fond en vermeil; anses formées de deux jeunes enfants, reliant des guirlandes de laurier enrubannées. Style Louis XVI. *Maison Froment-Meurice.*

71 — Petit service à thé et à café en vermeil ciselé, de style Louis XVI; il se compose : théière, cafetière, sucrier, pot à crème, pot à lait et plateau ovale, bordure ornée de feuilles d'acanthe. *Maison Mermillod.*

72 — Corbeille à pain en argent ciselé, de forme ovale, à anse ornementée de rinceaux de feuillages ajourés. Style Louis XVI. *Maison Froment-Meurice.*

73 — Vase de forme ovoïde en cristal taillé, avec riche monture en argent doré, à guirlandes, feuilles de vignes, mascarons, godrons, de style Louis XVI. *Maison Froment-Meurice.*

74 — Coupe ou jardinière, de forme ovale, en argent ciselé, ajouré et doré, à sujets de jeunes femmes et amours couronnés de feuilles de chêne. Anses formées de cols de cygne. Style Empire.

75 — Brûle-parfum en argent ciselé, ajouré et en partie doré, le couvercle orné de quatre têtes d'éléphants, et inscrustations de pierres de couleurs. Style oriental. *Maison Froment-Meurice.*

76 — Buire en argent gravé et doré, avec ornements en émaux verts et turquoises. Style oriental.

77 — Jardinière, de forme ovale, à quatre pieds de biches, en métal argenté, ciselé et ajouré, à ornement d'entrelacs, rubans et guirlandes de fleurs et feuillages, sur fond d'émaux; anses formées d'enfants bacchants, avec rinceaux de feuillages reposant sur une console à draperies. *Maison Froment-Meurice.*

78 — Petit plateau de surtout en métal ciselé doré, avec glace, ornements de feuillages. Style Louis XVI.

SIÈGES ANCIENS ET MODERNES

AMEUBLEMENTS DE SALON

79 — Trois chaises en bois sculpté, garnies de tapisserie au point, à sujets de personnages aux dossiers et animaux sur les sièges. Époque Louis XIV.

80 — Ameublement de salon en bois sculpté doré, à ornements de feuillages de laurier, dossier ovale, recouvert de tapisserie d'Aubusson à bouquet de fleurs, sur fond damassé crème, se composant : canapé et quatre fauteuils. Style Louis XVI.

81 — Quatre tabourets, pieds ovales ou carrés, en bois sculpté doré, recouverts de velours vert. Style Louis XVI.

MEUBLES

ANCIENS ET MODERNES

82 — Meuble à deux corps en bois sculpté, le haut ouvrant à abattant, la partie inférieure à deux portes, orné de personnages mythologiques, cariatides et frise feuillagée. Style Renaissance.

83 — Grande armoire, du temps de Louis XIII, en marqueterie de bois, ivoire, cuivre et étain; ornements de rinceaux, guirlandes et motifs à personnages mythologiques, dont quatre symbolisant les Saisons. Elle ouvre à deux portes, encastrées entre des pilastres à chapiteaux corinthiens; fronton sculpté ajouré, avec écusson en marqueterie de cuivre et étain au centre; elle repose sur six pieds en forme de boules aplaties; entrées de serrures et charnières en cuivre repoussé, ciselé et doré; intérieur à tablettes. Année 1746.

84 — Petite table de nuit, de forme ronde, en marqueterie de bois, à fleurs et ustensiles, ouvrant à une porte à coulisse; elle repose sur quatre pieds, avec tablette d'entrejambe et galerie de cuivre ajouré. Epoque Louis XV.

85 — Table, de forme ovale, en marqueterie de bois à fleurs, avec tablette d'entrejambe. Elle ouvre à un tiroir sur le côté et une tirette sur le devant; galerie de cuivre ajouré. Epoque Louis XV.

86 — Grand meuble d'entre-deux, de forme contournée, en marqueterie de bois de couleur, à fleurettes et losanges: ouvre à une porte et un tiroir; il est orné de frises à guirlandes de feuillages et roses, chutes à tête de bélier, attributs de musique, encadrements, tablier à rinceaux feuillagés en bronze ciselé et doré, il repose sur quatre pieds griffes de lion: dessus de marbre blanc veiné. Style Louis XV. *Maison Grohé, à Paris.*

87 — Console-applique en bois sculpté doré, motifs rocailles; dessus de marbre. Style Louis XV.

88 — Table-bureau en bois de placage à filets; elle repose sur quatre pieds carrés, reliés par une tablette d'entrejambe, et ouvre à un tiroir. Galeries de bronze ajouré et doré. Epoque Louis XVI. Elle porte l'estampille *de C. C. Saunier, maître ébéniste.*

89 — Table en bois sculpté doré, à quatre pieds carquois; ceinture ajourée à rinceaux et feuillages; entrejambe orné d'une corbeille de roses: dessus d'onix. Style Louis XVI.

90 — Meuble d'entre-deux, à hauteur d'appui, ouvrant à une porte et un tiroir, en marqueterie

de bois de couleur, à corbeille de fruits et aiguières sur une table, et losanges; encadrements et ornements en bronze finement ciselé et doré, à guirlandes, nœuds de rubans, godrons, mascarons, chutes de feuillages, attributs de musique, pieds à griffes de lion. Style Louis XVI. Dessus de marbre de couleur. Estampille *de Grohé, à Paris*.

91 — Guéridon en acajou, à trépied, avec sphinx ailé en bronze doré, de style Empire, avec dessus formé d'un plateau mobile en argent repoussé, ciselé et gravé, orné au centre d'une statuette de Neptune sur des dauphins et de trois réserves formées de roseaux encadrant des médaillons ovales en émail, à sujet de Naïades ; entre les réserves, des dauphins dans des rinceaux. Le marli à rinceaux, fleurs, poissons, crocodilles, trois coquilles et trois cartouches formés de feuillages, avec médaillons en émail, portraits de femmes.

92 — Guéridon, de forme ovale, à quatre pieds disposés en losanges. Dessus de marbre vert de mer, avec incrustations de pierres imitant l'opale. Style Empire.

93 — Objets non décrits.

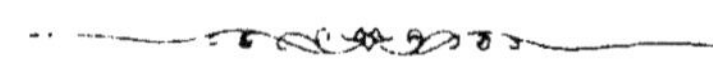

www.ingramcontent.com/pod-product-compliance
Ingram Content Group UK Ltd.
Pitfield, Milton Keynes, MK11 3LW, UK
UKHW020539180726
13839UKWH00006B/2614